EVERYBODY POOPS!

¡TODOS HACEMOS POPÓ!

Justine Avery

Olga Zhuravlova

YOU POOP...
TÚ haces POPÓ...

anD I POOP.
y yo hago POPÓ.

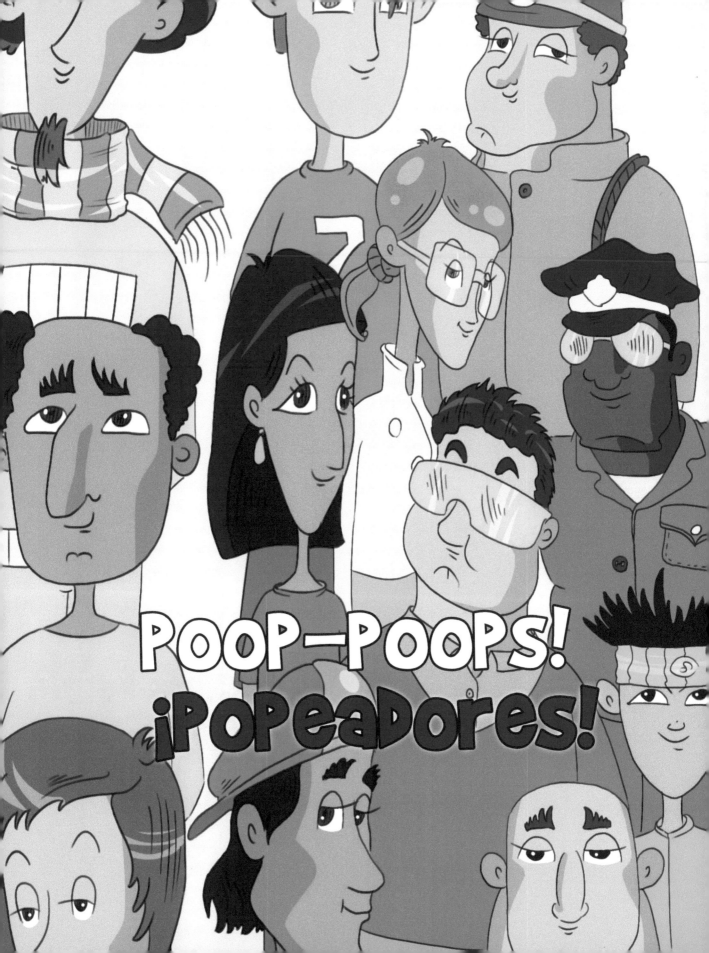

Mothers POOP.

Las mamás hacen POPÓ.

AND fathers POOP.

Y los PAPÁS hacen POPÓ.

Sisters POOP.

Las hermanas
hacen POPÓ.

And Brothers POOP.

Y los hermanos
hacen POPÓ.

cousins and uncles and aunties poop.

**Los Primos,
los tíos y las tías
hacen POPÓ.**

Even old, old grandads and grannies poop.

Hasta los viejitos, los abuelitos y las abuelitas hacen popó.

And he POOPS.

Y él hace POPÓ.

And she POOPS.
Y ella hace POPÓ.

And they all
POOP too.

Y todos ellos
hacen POPO
también.

Dogs and Cats Poop.

Perros y gatos
hacen Popó.

Every bird, reptile, jungle animal,
woodland animal,
and fish
in the sea
poops.

cada ave, reptil, animales de la jungla,
animales del bosque
y los peces
hacen popó.

They poop indoors.

Hacen popó adentro.

BOX

They POOP in Dark, Dark caves.

Ellos hacen POPÓ en cuevas oscuras, oscuras.

They POOP
along the OCean waves.

Ellos van haciendo POPÓ
Por todo el océano.

They POOP Below the ground
where no one sees.

Ellos haCen POPÓ Bajo la tierra
DonDe naDie los ve.

They POOP way UP in the air.

Ellos hacen POPÓ desde el aire.

They POOP DEEP DOWN in the sea.
Ellos hacen POPÓ
en las PROFUNDIDADES DEL océano.

For Li'l Wayne,
who taught me *POOP MATTERS*.
—J.A.

Para Li'l Wayne,
quien me enseñó
que la *POPÓ IMPORTA*.
—J.A.

To all the incredible
little readers out there.
—O.Z.

A todos los increíbles
pequeños lectores.
—O.Z.

Justine Avery is an award-winning author who loves writing stories for all sorts of readers. She was born in America but grew up—and is still growing up—all over the world as a natural explorer with a curiosity for all things. She's jumped out of airplanes, off of very high bridges, and into shark-infested waters—to name a few adventures. And books are her favorite adventures of all.

Justine Avery es una autora galardonada que ama escribir historias para todo tipo de lectores. Nació en Estados Unidos de América, pero creció, y sigue creciendo, en muchos lugares del mundo gracias a su naturaleza exploradora y a su curiosidad por todas las cosas. Justine ha brincado desde aviones, de puentes muy altos y a aguas infestadas de tiburones, por mencionar algunas de sus aventuras. Entre todas las aventuras, los libros son su aventura favorita.

Olga Zhuravlova lives in a small European country by the sea—Latvia. Every day she wakes up and draws funny (or not so) pictures for children's books to inspire kids to read those stories and explore the world. She love cats and walking along the beach.

¡Yo tamBién!

Olga Zhuravlova vive en un pequeño campo europeo junto al océano en Letonia. Cada día al despertar, dibuja ilustraciones (algunas graciosas, otras no tanto) para libros que ayuden a inspirar a los niños para que los lean y exploren el mundo.

First published 2019 by Suteki Creative
This bilingual Spanish-English edition first published 2021 by Suteki Creative

FIRST BILINGUAL EDITION

Copyright © 2019 Justine Avery
Illustrated by Olga Zhuravlova
All rights reserved.

ISBN-13: 978-1-948124-85-0
ISBN: 978-1-948124-82-9 (ebook)
ISBN: 978-1-948124-84-3 (paperback)
ISBN: 978-1-948124-87-4 (audio book)

CPSIA information can be obtained
at www.ICGtesting.com
Printed in the USA
LVHW072056190721
693091LV00001B/13

9 781948 124850